가슴속에 떠 있는 별 하나

가슴속에 떠 있는
별 하나

김 성 현 시집

● 시인의 말

첫 시집을 펴내면서

　오랜 소망이었습니다. 어렸을 적. 오른쪽 엄지발가락과 검지발가락 사이에 연필을 끼워 글을 쓰기 시작하여 내면의 생각들을 느릿느릿 한 자 한 자 표현하면서 갖게 된 시인의 꿈, 지금은 온몸을 자유롭게 쓰지 못하여 생활의 대부분을 누워서 하는 제가 왼쪽 검지손가락과 중지손가락으로 스마트폰과 컴퓨터로 시를 쓴 것은 제가 할 수 있는 유일한 능력이요 의미 있는 삶의 작업이었습니다.
　비록 여기저기 흠집 많고 모난 것들이지만 제 감성의 밭에 물을 주며 한 편 한 편 자라나게 한 작품들, 그 시들을 모아서 이제 그토록 바라던 첫 시집을 펴내게 되니 이루 말할 수 없이 기쁘고 감격스럽습니다. 한 사람의 중증 장애인으로 비로소 인생에 보람된 흔적 하나 남기게 되어 더없이 마음이 뿌듯합니다. 아무쪼록 이 시집이 보다 많은 분들에게 읽혀져서 가슴에 남는 작은 향기가 되기를 바랍니다.

　부족한 저의 글솜씨가 향상되도록 적극적으로 지도해 주신 한국민들레장애인문학협회 이홍렬 회장님, 흔쾌히 저의 첫 시집을 발간해 주신 (사)세계문인협회·도서출판 천우 김천우 이사장님, 그리고 이 모든 일이 성사되게 해 주신 하나님께 감사드립니다.

2019년 가을에
김 성 현

● 축하의 글

영혼의 울림을 일깨우는 구원의 빛!

김천우
(시인 · 평론가 · (사)세계문인협회 이사장)

"천국은 만드는 것이 아니라 만들어지는 것이라"는 토니 모리슨의 말처럼 김성현 시인의 작품세계는 영혼의 천국을 시적화자로 승화시키는 천부적인 언어의 연금술사이다.

첫 시집 상재는 대단한 일이 아닐 수 없다. 무수한 난간의 질곡을 넘고 넘어 위대한 영혼의 집을 완성시킨 것이니 말이다. 인생사는 모든 것이 결코 달콤한 유혹이 아닌 것임을 누구보다 잘 인지하고 있으며 리허설 또한 아니지 않는가? 중증 장애임에도 불구하고 한 편 두 편 빚어내는 시인의 눈물겨운 보석 같은 언어는 얼마나 윤택하고 아름다운 내면의 향기를 발산하는지 절로 숙연해지는 마음이다.

그는 그만의 하늘을 누구보다 사랑하고 있으며 그만의 시세계를 위하여 고뇌하는 인고의 노력은 아름다운 슬픔이라는 생각이 들기까지 한다. 사막에 뜨는 별빛보다 더욱더 영롱하고 찬란한 시의 노래는 우주를 넘나드는 최고의 절창일지도 모른다. 눈보라 속에 피어난 순백한 꽃처럼 장엄하면서도 가슴 따스한 언어들이 정감이 있고 아름답다.

우리네 인생사는 고독하고 외롭고 쓸쓸함을 동반하지만 지혜롭게 극복할 때 비로소 세상에서 가장 소중한 참 나를 발견할 것이다. 보배로운 삶의 개척자인 시인에게 큰 박수를 보내고 싶다. 육신의 빈 껍질을 벗기는 처절한 아픔의 열매가 위대한 한 편의 시라고 하였듯이 그는 이미 모든 것을 달관하여 승화된 시의 예찬론자 언어의 연금술사가 아닐까 한다.

시집 상재를 진심으로 축하하며 구원의 빛이 되길 기도한다.

● 축하의 글

가슴 먹먹한 성현 제자의 시집

발가락시인 이흥렬
(한국민들레장애인문학협회 회장)

　지난주가 미국이 사상 최초로 사람이 만든 과학의 힘으로 닐 암스트롱이 달에 발을 디딘지 50주년이라며 축제를 열며, 내년에는 또 다른 시도를 준비하고 있다는 기사를 보면서 아직도 무한한 것이 우주라 우리의 상상력을 현실에만 머무르게 한다면 한계가 있고 사고의 폭이 좁지만 일상을 추월한다면 무한대의 사고력을 가질 수 있는 것이 사람이라는 생각을 하게 된다.
　따라서 문학도 일상적인 생각의 틀을 벗어나야 새로운 창의력을 무한대로 발휘되는 것이 문학이라고 할 수 있다. 소설이나 수필도 마찬가지이겠지만 특히 시는 알파고와 같은 인공지능이 아무리 발달되어도 사람의 두뇌 속 상상력은 아직도 정복하지 못한 우주와 같다고 할 수 있을 것이다.
　내가 5~6년 문학 강의를 해오면서 몇몇 회원을 애지

중지하며 가르쳐온 제자 중 수제자로 삼은 김성현 시인은 자신의 평생소원이자 마지막 꿈인 등단과 함께 자신의 저서인 시집을 내는 것을 갈망해 왔다.

  김 시인은 이미 20년 넘도록 혼자 글을 써온 노력파였고, 나보다 더 심한 중증 장애로 자기 스스로는 아주 간단한 것 하나도 할 수 없고 겨우 왼쪽 검지손가락 하나로 스마트폰 키를 작동하여 작품을 쓰고 있는 처지라 더욱 애착도 갖고 있었는데 시집을 내게 되어 너무나도 기쁘고 가슴 먹먹할 정도로 감동이 밀려온다.

  내가 아껴온 제자이기도 하지만 그 악조건과 환경에도 굴하지 않고 오랜 세월을 오로지 한결같이 노력해온 결과이기에 더 귀한 일이라 아낌없는 찬사를 보내고 싶다.

  특히 무엇보다 하나님에 대한 신앙의 힘이 그가 가진 모든 장애와 환경을 오히려 뒤집어 불행의 밑바닥이 아닌 가장 높은 이상을 세간에 확인케 하는 저력의 소유자이기도 하다.

  한 송이 국화꽃이 피기까지는 인고의 시간이 걸려야 하는데 김 시인에게는 그 몇 배의 고통을 감당하면서 피웠기에 오래도록 그 향기의 여운이 남기를 기원하면서 이제 힘차게 첫발을 내디뎠으니 더욱 뛰어난 창의력을 가지고 좋은 작품으로 하나님께 큰 영광 돌리는 김 시인이 되기를 당부하면서 축하를 드린다.

제1부
꿈의 별 그리움의 날갯짓

- **시인의 말**
- **축하의 글** _ 김천우
- **축하의 글** _ 이흥렬

가슴 속에 떠 있는 별 하나 _ 17
가을 나무 _ 18
가을 품에 안겨 _ 19
마라나타 _ 20
거룩한 대로에서 _ 21
만나 _ 22
여름 _ 23
본향 _ 24
이사하는 날 _ 25
줄기세포 _ 26
그리움 _ 27
할매 _ 28
내 안에 나무가 있다 _ 30
별 _ 32
만월(滿月) _ 33
옛 사진 _ 34
비 내리는 밤 _ 35
보물 _ 36

제2부
진정 사랑하기에

행복의 바닷속으로 __ 39
밀물과 썰물 __ 40
비누 __ 41
한 사람 __ 42
얼음이 물에게 __ 43
인연 __ 44
겨울 햇살 __ 46
네가 나를 사랑하느냐 __ 48
박수 __ 49
유리 상자 __ 50
진주조개의 고백 __ 51
눈물 __ 52
자석 __ 53
주전자 __ 54

제3부

나의 시선 그리고 풍경

꽃 __ 57
소녀상 __ 58
꽃샘추위의 말 __ 60
붕어빵 __ 61
동네 길 __ 62
유모차 __ 63
비구름 __ 64
초봄 __ 65
봄에 내리는 눈 __ 66
라면 냄비 앞에서 __ 67
계절 __ 68
바람아 __ 69
순수에 대한 동경 __ 70
울타리 __ 72
톱니바퀴 __ 74
한파 속에서 __ 75
요리 __ 76
단풍잎을 보며 __ 77
세월 __ 78
오월의 끝자락에서 __ 79
폭염 __ 80

제4부
하늘 아버지에게

아버지의 품 안에서는 __ 83
하늘 아버지에게 __ 84
주님이 나에게 __ 86
내 은혜가 네게 족하도다 __ 88
엘 올람 임마누엘 __ 90
확신 __ 92
천국의 산소 __ 94
신념 __ 95
사순절을 보내며 __ 96
나의 십자가 __ 97
고난 주간에 __ 98
열려진 돌문 __ 100
가시면류관 __ 102
나의 기도가 __ 104

제5부

평안의 꽃

평안의 꽃 __ 107
너의 심령 한가운데에 __ 108
주님의 모든 것을 __ 110
고독 __ 112
목동과 제사장 __ 113
보리떡 다섯 개 물고기 두 마리 __ 114
상록수 __ 115
순종을 위한 기도 __ 116
열매 __ 118
십자가 위의 두 강도 __ 120
예수라는 이름의 옷 __ 122
주님의 도구 __ 124
처음 그 자리에서 __ 126
주일 전야 __ 127
주의 날을 보내며 __ 128
흔적 __ 129
성탄 __ 130
알 속의 새 __ 132

● **해설** 가슴 속에 떠 있는 별 하나
　　　　詩人의 꿈, 능력, 삶 / 윤제철 __ 133

제1부

꿈의 별 그리움의 날갯짓

가슴 속에 떠 있는 별 하나

하얀 손수건으로
가슴에 담아 놓은
꿈을 꺼내 닦는다

내 이름 앞에
시인이란 두 글자 새기려
마음의 꽃을
아름답게 가꾸어 본다

삶의 여정이 숨 가쁘고
기력이 쇠잔하여졌을 때
가슴 속에 떠 있는 별 하나
다시 일어나 가야 할 곳
비춰 주었다

내 심장 한가운데서
빛나는 염원!
그 소중한 탑을 쌓으며
남은 삶 살아가리라

가을 나무

이제는 빈 몸으로
서야 할 때

한철 푸르렀던
절정의 시간
붉게 달아오른 아쉬움으로
털어내고

앙상한 가지
곧은 일념으로
네게 닥쳐올 추위를 맞이해야 할 때

가슴에 새겨진 하나의 꿈
담대하게 차가운 계절을 견디면
새로운 푸르름으로 부활할
봄을 그리며!

가을 품에 안겨

가을이
나를 품는다

황금빛 들녘에서 전해 오는
만추(晚秋)의 향기로

푸른 꿈 원대하게 머금은
하늘빛으로

그에게 안기면
담가 놓은 포도주처럼
점점 진하게 무르익는
나의 마음

붉게 물들어갈
절정의 색으로
주어진 생을 마무리할
잎새들을 바라보며

내 남은 여정도
그런 소명으로 이뤄갈 것을
가을의 품에 안겨
다짐한다

마라나타

가만히 눈을 감고 꿈꾸어 봅니다
햇빛보다 밝은 빛에 싸여
당신이 임하시면
이 두 손 잡아 주실 그날을

내 안에 있는 어두움
모두 사라지고
생명의 시냇가에서
영원한 사랑을 누릴 것을

뱀이 허물을 벗듯
훌훌 벗어 버리고
찬란한 새 몸
갈아입을 기쁨을

외로움으로 밤새 뒤척이다가
도적 같이 임하시면
한달음에 달려가
당신의 품에 안길 영광을
오늘도 나는 꿈꾸오니

아멘!
주 예수여 어서 오시옵소서!

거룩한 대로에서

이 악물며 주먹 쥔
약한 두 손

가슴으로 펴고 일어선
떨리는 무릎

이 몸에 감겨 있는
견고한 쇠사슬이
풀리지 않는 나의 일부라 할지라도

그가 가라 하신
큰길을 가노라면

그날에 나는
사슴 같이 뛰며 춤추게 되리라!

"너희는 약한 손을 강하게 하며 떨리는 무릎을 굳게 하며 겁내는 자들에게 이르기를 굳세어라 두려워하지 말라. 보라 너희 하나님이 오사 보복하시며 갚아 주실 것이라 하나님이 오사 너희를 구하시리라 하라 그 때에 맹인의 눈이 밝을 것이며 못 듣는 사람의 귀가 열릴 것이며 그 때에 저는 자는 사슴 같이 뛸 것이며 말 못하는 자의 혀는 노래하리니 이는 광야에서 물이 솟겠고 사막에서 시내가 흐를 것임이라" (이사야 35:3~6)

만나

광야 같은 인생길

탁한 모래바람 불고
주린 영혼 채울
빵 한 조각 없을 때

말씀의 기름 두르고
성령의 화로 위에
구워내신 만나는

그 아들의 사랑 담긴
구원의 양식!

감사와 겸손함으로
두 손 벌려 받아먹고

새로운 발길을 내딛노라!

하늘의 젖과 꿀이 흐르는
그곳을 향하여!

여름

여름의 배는
만삭의 모습

한낮의 뙤약볕 아래
땀 흘린 농부들의 결실
자궁 속에
잉태되었다

머지않은 날에
풍요로운 해산을 위하여!

본향

언젠가는 떠나야 할
인생의 간이역

말씀의 창가에 서서
울려주실 기적 소리에
귀 기울이자

사뿐한 발걸음으로
주와 함께 두루 거닐
생명의 들녘

다다르면 그분이
두 팔 벌려
맞아 주시리

내 영혼
영원한 쉼을 얻을
아름다운 그곳에서!

이사하는 날

이 세상에서 마지막
나의 두 눈 감기고
눈부신 내 아버지의
그 집으로 이사하는 날

뒤틀리고 자유롭지 못한
내 육신이었으나
당신의 형상 본뜬 사람이라는 몸속에
건강한 영혼 담아 주셨음을 감사하리라

그로 인해
슬픔도 알고 기쁨도 알고
가슴이 따뜻한 이들 만나
사랑도 알고

그중에서 당신의 귀한 아들
알게 하셔서
영광스런 아버지의 그 집으로
불러 주심을

이 세상에서 마지막
나의 두 눈 감기는 날
한없이 한없이 감사하리라

줄기세포

갑판 너머 뱃머리
펄럭이는 깃발

오래도록 간직해 온 소망 그려
항해하는 삶

내 안에 있는 그것
나의 일부분이
갈망하며 기다리는 구원자처럼
이 인생을 바꿔 주기를

휑하니 남아 있는 여백
영글지 못한 몸
최후의 경이로운 분화(分化)로
온전함에 다가설 날을

진주를 품은 조개 되어
꿈꾸며 기다린다

그리움
– 내 어머니를 향하여

이 밤
짙은 그리움을
다시 마셔 봅니다

마실수록 목마름을
더하는 바닷물처럼
끝을 가늠치 못할 마음입니다

세월이 흘러도
옅어지지 않으며
어린 시절 그분과
함께했던 시간으로 데려다줍니다

하염없이 마신 그리움은
가슴 속에서 범람하여
눈물이 되어
내 뺨에 작은 개울을 이룹니다

다시금 그 품에 안길
기약이 없는 현실이지만
자를 수 없는 인연의 끈이
이어져 있기에

회상의 다리 건너
그분의 따뜻한 가슴을 파고듭니다

할매

축 늘어진 빈 젖 물리시고
매운 김치 당신의 입으로 빨아
밥 먹이시며
고이고이 키워 주신 할매

앞서간 아들이 남긴
피붙이기에
가슴 속에 묻힌 그 사랑
이 손자에게 이으셨음을

혼자서 밥이라도 먹을 수 있기를
절룩이더라도 걸을 수만 있기를
나보다 더 소원하시며
아침저녁으로 두 손 모아 비시던 할매

내 죽으만 우예 될꼬
내 죽으만 우예 될꼬
성치 못한 이 손자 장래 일이 걱정되어
때로는 당신보다 먼저 눈 감기를
바라기도 하셨지만

마지막 기력까지
이 손자에게 쏟으시다가
그렇게 그렇게 눈을 감으셨네

할매!
할매만 생각하만 눈물이 난다!
내가 할매한테 줄 거는
이거밖에 없으니
우짜만 좋노….

내 안에 나무가 있다

내 안에
나무가 있다

많은 나이테 가졌지만
갈망하는 모정의 젖줄로
여전히 가지를 뻗는다

여린 머리 받쳐 주던
팔베개의 촉감

칭얼거림을
달래 주던 자장가

밤마다 손끝에 전해졌던
가슴 부드러움이

뿌리에 스며들어
하얀 수액이 되었다

기억하자면 아득한
원초적 평온의 상징

오늘도 떠올려지는 얼굴
그 품속을 향해
나무는 그리움의
가지를 뻗는다

별

별이
나를 바라본다

밤이면
초롱초롱한 눈동자를 빛내며
사랑스레 잡아 보라 한다

가슴 속 그 자리
늘 머물러 있는 그대
그리움은
나비의 날갯짓으로
쉼 없이 그대 곁을
날아가는데

눈에 보여도
손을 뻗어도 잡을 수 없는
밤하늘의 저 별은
근원적인 그리움의 표상일는지….

만월(滿月)

드리워진 커튼이 모두 걷히며
환하게 드러난 얼굴

하룻밤
온전한 현신(現身)을 위해
여러 날을 기다리며 준비했으리

자주 보지 못하기에 그립고
그러므로 만남은
더욱 반가운 것을

비련의 연인인 듯
이 밤이 지나면 너는
또 다른 재회를 기약하며
서서히 심연 속으로
자신을 감추어 가겠지

옛 사진

한 장 추억을 꺼내
당신의 얼굴을 봅니다

입가에 흐르는 미소 속에는
흐르지 않는 시간이
머물러 있습니다

한 가닥
인연이 남아 있어
우리 다시 만난다면
이 모습에서
얼마나 떠나 와 있을까요

세월의 빛에 바래짐 또한
당신의 일부이기에
머리에 떠올려지는
변치 않음에
자리 하나 비워 둡니다

비 내리는 밤

삶의 노래가
잠이 든 터전 위에
애달픈 속살거림 떨어진다

홀로 깨어 있는 나를 위하여
그리움 서려 있는 이야기들을
가슴으로 들려주려 하는가

고운 향기 한 번 발하기를
그토록 원했었건만
끝끝내 가녀린 꽃망울로 져버린
아쉬운 추억들

대지를 쓰다듬는
저 빗속에 내어놓으면
촉촉한 생기 얻어
다시금 피어날까

보물

모든 보물이
흐뭇함을 주는 것은 아니다

가슴 속에 담겨져
애틋함을 주는
나의 소중함!

고독의 시간 속에서
영롱히 자라난 진주!

너를 향한

그
리
움

제2부

진정 사랑하기에

행복의 바닷속으로

꽃잎 물들이는 봄기운처럼
그대에게 차오르는
사람이고 싶습니다

사랑의 심지에
두 손으로 불을 붙여
그대의 꿈 환하게
밝혀 주고 싶습니다

언제나 그 기억 속에
기분 좋은 보석으로 남아 있기를
고운 소망 한 아름
여기에 피었습니다

푸른 물결 넘실대는
행복의 바닷속으로
우리의 힘찬 강물
흐를 수 있기를

나는 이 밤
간절히 기도합니다

밀물과 썰물

내게 밀려와
가슴을 쓰다듬던 바닷물

수평선 저 너머에서
기다리는 그에게로
이제는 가야 할 시간

웃음 띤 얼굴로 너를 보냄은
지순한 마음으로 아낀다는 것

함께함이 힘들다면
기꺼이 손을 놓으리

진정 사랑하기에!

비누

사랑을 녹인
거품으로

그대의 슬픔
씻어낼 수 있다면

작은 조각이
되어도 좋으리

행복의 하얀 살결
드러나는 순간

비로소
내 존재의 이유를
깨닫게 될 터이니

한 사람

당신은
내가 아는 사람들 중에
생각나는 한 사람이 아니라
가슴에 가장 먼저 스며드는
설레임이 되었습니다

들녘의 산들바람 타고 다가와
내 맘에 넣어 준
상쾌한 꽃향기

그 살가운 말과 미소
행복의 날개 되어준 그대

세상의 다른 어디에선
천금을 주어도 찾지 못할
소중한 인연
행여나 놓치지 않기를
간절히 기도합니다

내 입속의 사랑한다는 말이
그 주인을 찾게 해 주신 당신
한없이 감사합니다

얼음이 물에게

당신이 담겨진
따뜻한 잔 속으로 들어가서
하나가 되고 싶습니다

차가운 겨울바람이
나를 이렇게 얼려 버렸지만

이 안에 있는 것은
바로 당신이기에!

인연

처음 만났을 때에
좋은 느낌을 주었다면
나는 당신이 짓는 미소의
주인공이 될 수 있겠지요

거듭되는 만남 속에서
거짓 없는 이 진실함이
보석처럼 전해진다면
나는 당신이 생각하는 그림 속의
작은 꽃이 될 수 있겠지요

감사합니다
지금까지 새기고 다듬어 온
귀한 그 삶에
나의 흔적 남기게
될 수 있다는 것이

몇 잔의 외로움과 기다림을 마신 후에
마침내 다가온 소중한 인연

그 어떤
내 어리석은 잘못으로 인하여
그 이름 지워지지 않기를
간절히 바랄 뿐입니다

너무나 보배로운
당신의 기억 속에서

겨울 햇살

몸을 휘감는 차가움 속에서도
나의 눈은 너로 인해
따스해진다

칼바람 등에 업은
겨울이 지배하여도
한낮을 비추어 주는
널 바라봄으로
마음의 온도 높일 수 있었다

이렇게 우리도
겨울 햇살 하나 가슴에 품었으면

여름을 달구던
강렬함은 아니지만
마음의 창 서리 어릴 때
따스함 잊지 않게 하는
네가 있음을

두드러지게 부각되지 않아도
그 존재 하나만으로
위안이 되는

그리고
우리들 서로가 서로에게
겨울 햇살이 될 수 있기를….

네가 나를 사랑하느냐

감히 말할 수 없었습니다
섬기고 내어 주고 죽으시기까지 한
사랑의 산 높은 봉우리
당신을 닮지 못함이 부끄러워서
감히 용기 낼 수 없었습니다

보잘것없는 나 하나로
만족해 주시는 당신보다
세상의 화려함에 더 끌리는
시선이 죄스러워서

이 땅 어딘가에
외로운 몸 안아 줄 가슴을 찾다가
세찬 바람에 마음의 겉옷마저
날려 버리고

휘황찬란한 빛만 바라보다가
결국 내게는 당신밖에 없음을
여전히 손 내밀어 안아 주시는 그 앞에서
이제 대답을 합니다

주님
내가 당신을 사랑하나이다!

박수
— 부자유한 두 손

그대의 기쁜 날
한없이 들려주고픈
힘찬 마주침의 소리

토라진 연인처럼
서로를 외면하는 두 손

단상에 올라
감격의 눈물 흘리는 그대에게
그 앞에서 미소 지으며
가슴으로 치는 나의 박수

볼륨을 끈 듯
들리지 않아 미안하지만

이 순간 나 역시
그대와 함께
한없이 기뻐하고 있음을!

유리 상자

있는 것을 없다고 감출 수 없고
작은 것을 큰 것
검은 것을 흰 것이라 말할 수 없는
오직 진실함으로

나 당신 앞에서
거짓이 없이
한평생 깨끗한 민낯으로 살다가
고이 잠들 날이 오면

내게 담겨 있던
진실한 마음들은
한 알의 영롱한 보석이 되어
당신 가슴에 담겨질 것입니다

진주조개의 고백

기나긴 세월 동안 품어 온
내 소중함이여

혼신의 힘을 다하여
가꾸어 온 나의 보석이여

그러나 내 안에는
그늘진 자리가 많아
영롱하게 빛나는 고운 옷 입혀 줄
다른 이의 손으로
보내야만 하였다

소유라는 껍데기를 열어
너를 내 살에서 떼어내는 아픔을 견디면서

간절히 구했던 그에게서
눈부시게 빛나는 모습은

원래의 너보다
몇 배나 더 값진
사랑임을 마음 깊이
알게 되었다

눈물

당신의 뜨락에
샘 하나를 파겠습니다

그대를 감동케 할
맑은 샘물이 솟아날 때
이마에 흐르는 땀은
내 기쁨의 표식입니다

한 세월
사랑하는 이의 미소
잃어버려선 안 될
보물로 산다면

한 번의 호흡이
남아 있는 순간에도
행복의 박동 소리는
가득히 울려 퍼질 것입니다

그때
복받치는 물방울이
당신의 눈에서 흐를 것은
내가 판 샘의 깊이가
그만큼 깊다는 것이기에

자석

너와 나의
이 이끌림은
거부할 수 없는
천명(天命) 이련가

태초에
어떤 언약이
맺어져 있었기에
이리도 서로를
매료케 하는가

누가 먼저
돌아서지 않으면
너와 나의 유일한 소명은
영원히 한 덩이 사랑 되어
존재하는 것!

주전자

내 안 가득히
너를 담음은

절정의 가장 높은
순간을 위한 것

점점 데워진 사랑은
마침내 끓어올라
뜨거운 수증기로 분출한다!

제3부

나의 시선 그리고 풍경

꽃

꽃은
자랑치 않는다

타고난 모습 그대로
핀 짧은 생
어떤 과시도 하지 않는다

예쁘다
아름답다 함은
사람들의 시선일 뿐

아무 꾸밈없는 민낯으로
몇 장 안 되는 페이지 넘긴다

바람에 얼굴을 맡기고
비에 목을 축이며

내면
가득 채워진 창고를 비우고
품에 안긴 인생
순수히 사는 것

꽃이 가르쳐 준
삶의 이치

소녀상

소녀는
오늘도 앉아 있다

거세고 잔학한 손에 의해
응고되어 버린 꿈을
목에 걸고서

그녀의 끌려감을
힘없는 조국은
결박된 그의 길을
막지 못하였다

광풍처럼 몰아쳤던
야만적인 행위에
가녀린 봉오리마저 꺾여 버린
잔인한 생이여!

세월이 흘러도 늙지 않는
한과 슬픔을 가슴에 담고

그들의 혀에서
진정한 사과와 참회가
돌아나기를 기다리며
시린 발을 땅에 댄 채

소녀는
오늘도 앉아 있다

꽃샘추위의 말

저 꽃내음이
싫은 게 아니에요

다만 떠난다는 것이
아쉬워서
잠시 고개 돌려
뒤돌아보는 것일 뿐

달갑게 여김 받지 못한
함께 함이었지만
머무른 정이 있어
다시 온 것을

이 아쉬움이
당신의 얼굴을
조금 시리게 하여도
나를 너무 미워하지 마세요

붕어빵

물 아닌 틀 속에서 나와
따끈한 붕어들 파닥거린다

찬 공기 시린 두 손
호호 입김 불며 지나가다

때마침 눈에 띄는 수레
다가가 몇 마리 집어 들면

손과 입에 감도는
정감 있는 따스함

꽁꽁 언 계절
옷깃 여민 거리에서
사람들 하나둘 모여들어
달콤함 곁들여진
온기를 낚는다

동네 길

궁핍함이 주름 속에 스며든 노인에게
동네 길은 하루를 살게 하는 일터이다

비싼 가전제품이 벗어놓은 종이상자
시끄러운 세상의 소식이 묻어 있는 신문들

이곳저곳을 돌며
낡은 손수레에 주워 실으면
몇 킬로그램 어치 돈이 되어
그날 저녁 끼니의 걱정을
덜게 해 준다

때로는 몇 번을 걷고 걸어 흘린 땀으로
손주 녀석 과자라도 한 봉지 사주노라면
쪼글쪼글한 입가에
포근한 미소가 번진다

해 질 무렵 나이
가난한 노인에게 동네 길은
여생(餘生)의 밭인지도 모르겠다

유모차

태어나 시작한
삶의 외출

엄마 아빠가 번갈아 밀어주는
편안함에 아기는
누구도 부러울 것 없는
행복한 보배

세월의 이끎 따라
질곡을 걸어온 생애
그믐달처럼 휘어진
노년을 밀고 간다

유모차
같은 이름의 다른
두 수레에는
인생의 봄과 가을이
묻어나 있다

비구름

구름이
잿빛 가슴을 드러내고
가뭄의 대지에 젖을 물린다

갈급했던
나무도 꽃도 풀잎도
힘차게 젖을 빤다

단비 내리는 구름아!
지금 너의 모습은
이 땅의 모든 어머니를 닮았다

초봄

따뜻한 햇살 머금은 봄
활짝 기지개를 켜고 깨어났다

찬 서리 내린 침상 위에서
웅크리며 잠들었던 너

태양의 속삭임에
새순이 쫑긋 귀 기울이고
꽃들이 톡톡 봉오리를 터뜨리는
아름다운 시작!

얼음 속에 갇혔던 시냇물
시원스런 자유의 노래!

만물이 힘차게 약동하는 이 계절
내 꿈도 한가득 피어난다

봄에 내리는 눈

봄이 피어난 길가에
겨울이 하얀 선물을 남긴다

예정된 시간 울리는 기적 소리
몸을 싣기 전 주머니에서
그의 체취가 가장 잘
배어든 것을 골라

남아 있는 이의 기억 속에
그만이 줄 수 있는 것을
담아 놓음은
떠나는 이의 사랑

이제 열차는 출발하고
봄이 이사 온 거리는
겨울이 남긴 선물로
하얗게 덮이었다

라면 냄비 앞에서

함께하던 그대
잠시 떠난 빈자리
채워 줄 다른 이가 있을까

양은냄비 안에서
보글보글 제잘 거리며
뛰어노는 국물
몇 젓가락 뚜껑 위에
건져 놓은 따끈한 라면

밥통이 비었을 때나
입맛이 떠나갔을 때
내 안의 빈자리를
채워주는 너

후루룩후루룩
오늘 저녁에도 이렇게
너와의 정겨운 만남을
가져 본다

계절

선선한 바람결에
가을 노랫소리가 들린다

계절이
또 한 페이지를
넘겼나 보다

심상(心像)을 곱게 물들이는
아름다운 이야기가
읽혀지기를

바람아

네가 떠나 온 곳과
가야 할 곳은 어디니?

얽매임 없는 여정에서
남겨두고 온 아쉬움 없이

내 어깨를 살짝 쳐서 인사하고
가슴에 담은 목적지를
향해 가는 네가
약간은 부럽기도 하구나

너의 그 자유로움과
초연한 마음을
나에게도 가르쳐 주겠니?

순수에 대한 동경

온갖 색으로 물들여진 캔버스는
더 이상 꿈의 날개를 펼칠 수 없다

화가의 붓이 그 얼굴에 여백을
하나둘 메워 나가며
나름의 규범과 형체가 갖추어진
그림으로 그려놓았기 때문이다

그림이 된 캔버스는
새장 같은 액자에 담겨져
벽에 걸린 채
백지였던 시절을 회상한다

눈 내린 설경 같았던
순백의 공간 위에서
이상(理想)의 깃발들은
그 어떤 얽매임도 없이
자유롭게 펄럭였다!

이렇게 갖은 색칠을 하고
짜여진 틀 속에서
원 안에서만 맴도는
시곗바늘로 살아가야 할 때

무한의 광장에서
마음껏 달음질하던
순수의 시절로
한 번쯤 돌아가고 싶다

울타리

'나'라는 땅에
발 딛고 서 있으면
모든 것이 이 울타리를 중심으로
도는 것 같다

타인보다
돋보이고 싶은 마음은
하루에도 몇 번씩
넝쿨처럼 길게 뻗어 나간다

많은 시선이
이 울타리를 빙 둘러 집중하며
많은 박수가
나에게 향하기를 꿈꾼다

우주의 수많은 별들 중
하나가 지구이듯
나 역시 수많은 인생 중
하나인 것을

저마다 삶의 주인공으로
살아가는 그들에게

나도 때로는 조연이며
단역인 것을

지구가 태양의 주위를
맴돎을 알았듯이
이 울타리가 세상의 중심이
아님을 알고

다른 이들을 위한
배려와 사랑을
이 울타리 안에 심는다

톱니바퀴

한 바퀴 빙 돌아가며
홈이 파인 동그라미

회전하는
존재의 이유는
혼자이면 성립될 수 없음을

그러므로
서로의 함몰된 부분 속에
마음과 마음을 서로 채우고

아름다운 사랑을
작동시킨다

한파 속에서

겨울이
달아올랐다

주체할 수 없는 기세로
맹렬하게 추위를 뿜어낸다

의미 있는 삶이란
그만이 이루어 내야 할 사명
열정적으로 꽃피움이 아니냐

그게 무엇인지를 알고
이룩해야만 하는
목적이라면

얼마 남지 않은 날
봄 향기 넘실거리는 따사로움에
자리를 내어 주고
떠나야 하기에

온 힘을 다해 겨울은
열정을 쏟는다

그가 그다웠음을
알게 하려는 듯

요리

오늘도 나는
시장에 간다

여기저기 둘러보며
물 좋게 파닥거리는 단어들을
머릿속 장바구니에 골라 담는다

뜨겁게
감성에 불 지피고
다듬고 손질하여
한 냄비 시를 끓인다

아~ 맛이 있어야 할 텐데

단풍잎을 보며

가을날
저물어 갈 우리의 삶에도
그 잎새에 고운 빛깔이
물들었으면 좋겠습니다

생(生)이란 세상의 가지에 달린
가녀린 잎새라 하여도
저마다 강한 바람과 여름날의 소낙비를
견디며 살아왔기에
삶의 끝자락에는 주님의 자양분으로
어여쁜 단풍의 옷을 입었으면 좋겠습니다

세상에 내세울 만한
화려한 꽃 한 송이 피우지 못하였어도
사랑하는 이들의 입술에서
너의 생은 아름다웠다는
말 한마디 들을 수 있는
그런 인생이라면
좋겠습니다

세월

달려가면서
달려가면서

무수히 많은 추억들과
온갖 사연들을
자욱이 뿜어내는 너는

언제 끊어질지 모르는
선로 위를 직행하는
증기기관차!

오월의 끝자락에서

오월이 앉은 벤치 위로
석양이 드리운다

일 년 중 가장
화사한 옷을 입은 그녀는
이제 치마를 살짝 여미며
떠날 채비를 하고 있다

붉게 입술을
물들인 장미

한층 푸른 제복으로
위풍당당하게 서 있는 가로수

청아하게 울려 퍼지는
새들의 합창

우리가 가장 사모하는 한 달은
이렇게 잠시 머무름으로
금세 떠나는 것인가

나는 벤치에 함께 앉아
그녀가 일어서기 전
향기로운 체취를
좀 더 만끽한다

폭염

사납게 입 벌리고
열기 뿜는 여름

달구어진 도시 위
위세 등등 떠 있는 태양

밤에도 그 기운
좀처럼 가실 줄 모르고

종일 돌아간 선풍기
숨 몰아쉬며
미지근한 바람을 토해낸다

잠 못 이루는 시간
온몸에 축축한 소금기
스며 나오고
감겨지지 않는 두 눈

몇 날 며칠
모진 낮과 밤
맨발로 사막을 걷는
고행자 된다

제4부
하늘 아버지에게

아버지의 품 안에서는

세상 속 구석진 자리에
나는 그저 이름 없는 잎새

혼자만의 틀 속에서 돌리는
외로움의 쳇바퀴

삶의 도화지에는
초라함이 그려지기도 합니다

이것이 인생의 거울에 비추어진
나의 모습입니다

그러나 믿음의 문을 열고 달려가서
아버지의 넓은 품에 안기게 되면
그분의 눈부신 광채로 인해
나는 빛나는 보석이 되고

날마다 천사들의 노랫소리 듣는
천국의 가족이 되며

산도 바다도 흠모하는
하늘 아버지의 자녀가 됩니다

좋으신 너무나 좋으신
나의 아바 아버지의 품 안에서는

하늘 아버지에게

삶의 처지가 외롭다 투덜거렸지만
그때마다 내 마음 위로해 주는
말씀의 젖 물려 주심은
따뜻한 주님의 품에
안겨 있기 때문입니다

삶의 걸음이 힘들다 투덜거렸지만
그때마다 고난의 징검다리
사뿐히 건널 수 있음은
든든한 주님의 등에
업혀 있기 때문입니다

주님이 내게 붙여주신
이 촛불이 꺼질 날이
언제일지는 모르지만

한 방울 두 방울씩
촛농이 녹아내려
내 머리에 서리로 내려앉아
백발이 되게 하여도

믿음의 색동저고리 입고
주님께 어리광부리며
그렇게 그렇게 하늘 아버지에게
안기고 업히고 싶습니다

"배에서 태어남으로부터 내게 안겼고 태에서 남으로부터 내게 업힌 너희여 너희가 노년에 이르기까지 내가 그리하겠고 백발이 되기까지 내가 너희를 품을 것이라 내가 지었은즉 내가 업을 것이요 내가 품고 구하여 내리라" (이사야 46:3~4)

주님이 나에게

눈부신 보좌에서
내려오는 것도 싫지 않았다
세상의 낮은 곳에 있는
널 만나기 위해서

남루한 옷이라도 만족하였다
가난한 삶의 걸음
함께 걷기 위해서

너의 친구가 되어 주는
것을 좋아하였다
그 외로움을 알기 때문에

사랑은
나를 버리고
너와 같아지는 것

또한 나와 같은
존귀한 몸이 되게 하려고
너를 대신해 죽는 것을
기뻐하였다

"그는 근본 하나님의 본체시나 하나님과 동등 됨을 취할 것으로 여기지 아니하시고 오히려 자기를 비워 종의 형체를 가지사 사람들과 같이 되셨고 사람의 모양으로 나타나사 자기를 낮추시고 죽기까지 복종하셨으니 곧 십자가에 죽으심이라" (빌립보서 2:6~8)

내 은혜가 네게 족하도다

바른 모양새와
열매들 많이 열리게 하려
곁가지를 잘라낸 주인을
나무는 원망하지 않습니다

느린 걸음 불평 없이
한 발 한 발 내디뎌서
거북은 목표한 곳에 도달합니다

그분 또한 나에게서
많은 것을 잘라내시고
부족하고 약하게 하셨습니다

그 잘라냄의 아픔을 통해
당신이 보시기에
합당한 모양새가 갖추어지고

한 발 한 발 내딛는
꾸준한 노력으로
언젠가 목표한 곳에
도달하게 하려 하심임을
나는 믿습니다

나를 향하신 주님의 은혜는
부족하지 않습니다

"그러나 주께서는 내 은혜가 네게 족하다 내 능력은 약한 데에서 완전하게 된다하고 말씀하셨습니다. 그러므로 "그리스도의 능력이 내게 머무르게 하려고 나는 더욱더 기쁜 마음으로 내 약점들을 자랑하려고 합니다."(고린도후서 12장 9절 표준 새 번역)

엘 올람 임마누엘

보이지 않는다는 것은
무한하다는 것이다

시야에 들어오는 한정된 형상이
어찌 광대함을 말할 수 있겠는가?

만져지지 않는다는 것은
사라지지 않는다는 것이다

시간의 흐름 속에
마모되고 부패할 그 촉감이
어찌 영원함을 논할 수 있겠는가?

땅끝의 어느 자리
바닷속 어느 부분
우주의 어느 공간이
그분이 계시지 않는 곳이리요!

광년(光年)의 세월을
지나가는 빛이라도
그분의 영원함은 따를 수 없으리!

지평선 저 너머에도
이르지 못하는 짧은 시선의
두 눈은 감고
내 믿음의 전신주에
성령의 강한 전류 흘러
밝은 영의 각막과 손으로
그분을 보고 만질 수 있기를

내가 있는 자리에도
임재하셔서
영원히 함께하실 그분 앞에
머리 숙여 간구하나이다!

확신

천둥 번개 휘몰아치며
땅이 갈라지는 지진이 있을지라도

손가락 하나 움직일 수 없는
육신의 곤고함을 입을지라도

주먹과 채찍질이 난무하는
핍박이 온몸을 덮을지라도

보혈의 피 묻은 예수의 손에서
나는 떨어지지 않으리!

쌀 한 톨 삼킬 수 없는
곤고함이 목을 조른다 하여도
믿음과 말씀으로 배를 채우며

죽음이 앞에서 춤춘다 하여도
한순간 눈 감으면
천국은 나의 것인 것을!

"누가 우리를 그리스도의 사랑에서 끊을 수 있겠습니까? 환난입니까? 곤고입니까? 핍박입니까? 굶주림입니까? 헐벗음입니까? 위협입니까? 또는 칼입니까? 성경에 기록된바 우리는 종일 주님을 위하여 죽임을 당합니다. 우리는 도살당할 양과 같이 여김을 받았습니다. 한 것과 같습니다. 그러나 우리는 이 모든 일에서 우리를 사랑하여 주신 그분을 힘입어서 이기고도 남습니다. 나는 확신합니다. 죽음도 삶도 천사들도 권세자들도 현재 일도 장래 일도 능력도 높음도 깊음도 그 밖에 어떤 피조물도 우리를 우리 주 예수 그리스도 안에 있는 하나님의 사랑에서 끊을 수 없습니다." (로마서 8:35~39 표준 새 번역)

천국의 산소

하늘나라에도 공기가 있다면
아마도 그 성분은 사랑이리라

숨 쉬는 모든 만물이
생명을 유지하기 위해
공기를 필요로 하듯이

사랑은
우리로 하여금
조금이라도 하나님과
가까운 삶을 살게 하는
천국의 산소이므로

"사랑하는 자들아 우리가 서로 사랑하자. 사랑은 하나님께 속한 것이니 사랑하는 자마다 하나님께로부터 나서 하나님을 알고 사랑하지 아니하는 자는 하나님을 알지 못하나니 이는 하나님은 사랑이심이라" (요한일서 4:7~8)

신념

꺼지지 않는 말씀의 불
믿음의 심지에 붙였습니다

퇴색되지 않는 진리의 법
영혼의 돌판에 새겼습니다

수만 가지 길 있어도
가야 할 길은 오직 하나

하늘과 땅 사라져도
놓지 않으실
구원의 손 붙잡으며

내 삶의 인도자는 예수!
찬란히 빛나는 그 신념
다시금 가슴에 아로새깁니다

사순절을 보내며

거센 채찍질로 찢겨진 살과
잔인한 못 박음으로 흘리신 피를
믿음으로 먹고 마심으로
내 안에 이식된 예수의 유전자

이 한 몸 수고로운 땀을 흘려
한 사람 한 사람에게
예수의 사랑과 향기를 전해야 하건만

내 안 또 다른 자리에
기둥처럼 박혀 있는 죄성의 뿌리가
오늘도 내 모습에서
그분의 얼굴을 가리우고
세상의 악취를 풍기게 합니다

주님 모습 닮을 수 있도록
주님 마음 가질 수 있도록
하늘나라 들어갈 때
나의 모습 부끄럽지 않도록

하나님 하나님
도와주시옵소서!

나의 십자가

인내와 희생을 밑거름으로
많은 것이 형성된다

폭우를 견딘 대지 위에
아름다운 무지개가 나타나고

목공의 조각으로
깎인 나무
값진 모양이 되었다

그의 뒤를 따름은
나를 이룬 모든 것이
하나둘 젖게 되고
깎이어 나가는 것

그 인내와 희생으로
하나의 십자가는 영글게 되고
마침내 영광의 빛으로
나에게 주어진다

"이에 예수께서 제자들에게 이르시되 누구든지 나를 따라오려거든 자기를 부인하고 자기 십자가를 지고 나를 따를 것이니라."
(마태복음 16장 24절)

고난 주간에

비켜 쏜 화살처럼 지나가기를
온몸으로 마셔야 할
죽음의 잔을 앞에 두고서
핏빛 어린 땀방울을 흘리시며
아버지의 뜻을 구하신 님이여

오로지 우러러보아야 할
당신의 얼굴이
우리들의 추한 때를 씻기 위해
침 뱉음을 당하고

지극히 높으신 이의 아들
존귀한 그 몸이
죄인들의 형벌을 대신하여
가시 돋친 채찍질에
살점이 찢기었네

움직일수록 고통만 더해 가는
십자가에 못 박히심은
결박의 사슬 모두 끊고
아버지께로 나가게 하기 위한
자유의 선물!

끝까지 순종하심으로 받은
부활의 영광스러운 몸조차도
우리들을 위해
나눠주셨네

예수여오! 예수여
하늘과 땅의 모든 영광
당신만이 홀로 받으소서!

열려진 돌문

"다 이루었다!"
"내 영혼을 부탁 하나이다!"
찢기고 상한 만신창이 몸
흙바람 부는 십자가에 달려
하늘 향해 외치시고
마지막 숨을 거둔 당신

태양도 참담하여
얼굴을 가린 어스름한 시간
피투성이 주검 세마포에 싸여
넣어진 돌무덤

더없이 큰 위대한 약속
함께 넣어졌음에도
사람들 그것으로
끝이라 생각하였네

우리의
모든 죄를 묻힌 그의 죽음은
죽음을 이겨낸
역사(役事)였음을

사흘 만에 다시 피어난
샤론의 꽃이여!

제아무리 육중한
돌문이라 한들
어찌 막을 수 있었으랴

아름다운 님의
장엄한 부활을!

가시면류관

슬픈 왕관

날카로운 가시에
드높은 당신의 권위가
송두리째 찔렸고

낮음의 가장 밑바닥으로 떨어뜨리는
조롱의 행위가
머리를 옥죄었다

우리들의 모든 허물이
이마를 할퀴어
고귀한 핏방울이 흘러내렸네

기쁜 왕관

정죄의 모든 형벌의 관
당신이 써 주심으로
아버지께로 이르는 생명의 다리에
구원의 발걸음
내디딜 수 있었고

온전히 자신을 낮추신
그 겸손을
본받을 수 있었고

세상의 어느 임금도 보여 주지 못한
그 사랑을 보여 주심으로
당신은 만왕의 왕임을
확인할 수 있었네

슬프면서도 기쁜 위대한 왕관!
내 주님의 가시면류관!

나의 기도가

히스기야의 간절한
눈물 같은 것

풀무불에 달구어진
다니엘의 믿음 같은 것

그 발 위에 부은
향유의 내음 같은 것

당신의 가슴 적시는
향기로운 신실함이
그 손을 붙잡는 것

이런 기도 드리기를
원하나이다!

제5부
평안의 꽃

평안의 꽃

아무나 알 수 없는
하늘의 향기

평안의 꽃 되어
내 믿음 위에
피어난 당신

그 뿌리
견고히 받쳐주는
기름진 흙으로

촉촉이 스며드는
신실한 샘물로

나
당신에게 흡수되는
하루하루를 살게 하소서

너의 심령 한가운데에

끈질긴 옛사람
아직도 내 안에 있습니다

그가 가신 사랑의 길
따라가려 하니
내 안의 속된 마음이
발목을 잡고

그가 지신 그 십자가
나도 지려 하니
이 나약함이 무겁다며
소리를 지릅니다

바라보아야 할 것은
하늘에 있는 보화임에도
두 눈은 세상의 화려함에
더 미혹됩니다

당신 앞에서 고개 들기도
부끄러운 이 아들
사랑의 두 손으로
감싸 주시는 아버지

가만히
이렇게 속삭여 주십니다

"너의 모든 죗값은
내가 다 치렀으니
아들아!
너의 심령 한가운데에
나만 있게 하려무나"

주님의 모든 것을

나는 어린아이였습니다
달콤한 사탕만 달라고
하나님의 등에 업혀
행복만을 누리게 해 달라
보채기만 하였습니다

머리 둘 곳 하나 없으셨던
예수님의 곤고함을
육신의 안락함을 구하기 전에
먼저 알았어야 했고

작은 사랑 하나
실천하지 못하면서
천국의 금빛 면류관만 소망하는
이기적인 마음에
나를 위해 쓰신
가시면류관의 고통부터
느꼈어야 하는 것을

주님에게로 향한 마음의
한쪽은 늘 닫혀져 있었습니다

열려진 문으로는
한없는 사랑을 받으면서도

한쪽의 문은 잠그어 둔 채
그의 아픔은 철저히 외면하였습니다

하나님
회개하오니
이제 마음의 전부를 활짝 열고
주님의 모든 것을 느끼게 하소서!

고독

이 밤도
함께 누운 고독

때로는 나에게
종기처럼 퍼진 것을 도려내려
칼을 대 보아도
여전히 곁을 떠나지 않았지

그래 어차피
어머니 태에서 함께 나와
마지막 눈을 감는 순간에도
함께 해야 할 동반자가 아니냐

하늘에 계신 그분이
동행하고 계심을 알기에
그 이름은 나의
곁을 지키는 친구요

온몸을 휘감는 너로 인하여
더욱 그분만 바라보기에
고독은 나의 가장 큰 창문이다

목동과 제사장

은혜의 빛 내리쬐는
광활한 들판으로
나의 양 한 마리
몰고 갑니다

초록빛 생명 넘치는 그곳에서
야윈 모습 토실하게
살 오를 때까지
풀을 먹이는
목동 되게 하소서

거룩한 장막에서
부르심 들려오면
살찌운 양 한 마리 데려가
당신의 임재 가득한
제단 위에 놓으렵니다

온 정성 다해 피어올린
예배의 불로
날마다 봉헌하는
제사장 되게 하소서

보리떡 다섯 개 물고기 두 마리

가진 정성 한데 모아
불을 지폈습니다

쌓은 믿음 모두 부어
달구어진 판 위에
올렸습니다

진리의 물결
일렁이는 바다로
겸손히 나가겠습니다

생명의 푸른 소산
말씀의 그물 던져
건졌습니다

다섯 개와 두 마리
채우고 건진 것이
아직은 미약할지라도

당신께 드려
나타내실 큰 영광의
작은 거름이
되기를 기도합니다

상록수

일정불변 곧은 결심
뿌리에 머금으며 자라났느냐

주어진 터전 그 자리에서
한결같은 푸른 자태로

여름의 땡볕 아래서나
북풍한설 눈보라 속에서도
떠난 님 돌아오는 날
흐트러짐 보이지 않으려는 듯
지조의 상징

그때그때 상황 따라 돌변하는
간사함의 부유물이
인간에겐 있기에

본연의 모습 그대로
너의 자리를 지킴을
본받고 싶구나

순종을 위한 기도

나의 기도에
침묵하실지라도
나를 향한 계획 하심이
그 속에 있음을
깨닫게 하옵소서

구원의 그 지팡이 바라보며
순종의 걸음으로 따라가는
한 마리의 양이어야 했는데

나의 유익만을 위해 달리는
마차가 되었습니다

무엇을 구하기만 하는
욕심의 입술보다는
당신의 음성에 기울일 줄 아는
믿음의 귀를 주시고

평탄하고 넓은 길로만 가기 위해
당신의 옷자락 붙잡는
이기적인 손보다는
비탈지고 험한 길일지라도

그 인도하심 기쁘게 따라가는
순종의 발을 주시옵소서

"나는 이렇게 믿음이 좋습니다"하고
금빛 십자가를 목에 걸고 자랑하는
위선의 나는 죽게 하시고

참혹한 골고다 십자가에
모든 것 함께 못 박아
나를 위해 죽으신 그리스도만
내 안에 살게 하옵소서

열매

악의 유혹을 이기지 못한
우리의 나약함이

한낱 질그릇이
토기장이가 되려 했던
우리의 교만함이

한 치 앞도 알지 못하면서
감히 창조주의 밝은 눈을 가져
모든 것을 알려 했던
우리의 어리석음이

죽음이 담긴 씨앗 채로
먹어 버린 열매

우리를 다시 살리려는
그분의 사랑이

우리를 잃고 싶지 않은
그분의 간절함이

그 아들의 살점으로 씨 뿌리고
그 아들의 피로 물 주어서
다시 영글게 하셨네

십자가란 나무 위에서
생명의 씨앗 담긴 열매로

십자가 위의 두 강도

해골의 언덕 그분의 양옆에
십자가에 못 박힌 두 남자

죄인의 명패
머리 위에 달고
지금도 내 안에서
그를 향해 말합니다

삶의 길
무거운 이 십자가
내게서 벗겨달라 소리치고 있을 때

이 인생의 힘겨움
기꺼이 지고 가오니
그 나라에서 날 기억하소서!
다른 이는 기도합니다

이 마음만 내 안에 흐르기를
우편으로 귀 기울이면
그분의 목소리가
나지막이 들려옵니다

사랑하는 자여
너는 영원히 낙원에서
나와 함께 있으리라!

예수라는 이름의 옷

오늘 나는
무슨 옷을 입었던가
이기심의 단추와
욕심의 주머니
자신을 돋보이려 세탁한 옷

예수라는 이름의 옷은
자신을 나타내려 입는 것이 아니다

그 옷을 입으면
이웃을 위한 헌신으로
땀에 젖어야 하고

다른 이의 허물을 닦아내는
때가 묻어야 하며

형제의 아픔을 감싸기 위해
여기저기 찢겨져야 한다

너덜너덜해진 모양새로
사람들의 조롱을 받더라도
반드시 입어야 하는 것은

하나님이
죄를 범한 아담의 수치를 덮기 위해
가죽옷을 입혀 주셨듯이

나의 모든 죄를 덮기 위해
예수라는 이름의 옷을
주셨기 때문이다

"오직 주 예수 그리스도로 옷 입고 정욕을 위하여 육신의 일을 도모하지 말라" (로마서 13장 14절)

주님의 도구

이름 없는 작은
나귀라 해도 어떠하랴

나의 등 내어 드려
가시는 길 동행할 수 있다면

아버지께로 갈 수 있는
유일한 통로인
예수라는 그 길을

날마다 쓸고 닦는
빗자루가 되고
이정표가 되어서
많은 사람들
지나가게 할 수 있다면

모세나 바울처럼
크게 부르심을 받은 선지자나
사도는 아닐지라도

그의 말씀 담아 전하는
편지봉투가 되고

그의 향기 담아 전하는
작은 화병이 되어서
주님의 도구로 쓰임 받을 수 있다면
한없는 영광인 것을

나로 하여금
양지바른 곳에 앉아
은혜의 샘물만 마시는
꽃으로 살게 하시기보다
당신의 도구로 써 주시옵소서!

처음 그 자리에서

에덴동산의 흙을 한 삽 퍼와
내 발밑에 뿌려 다져본다

예루살렘
벽돌 하나 가져와
받은 사명
좀 더 쌓아본다

갓 태어나게 하신
시작의 자리
출발의 지점에 되돌아와
간간이 섞여진 자갈들
하나둘 걸러내고
순금 같은 믿음을 아로새긴다

오직 당신이 제시하신
처음 그 자리에서!

주일 전야

사방에 흐트러진 믿음을
한곳에 가지런히 모아놓고

소명의 등불 앞에서
기도의 세마포로
곱게 쌓아 놓습니다

내일 하루 이 한 몸
흠 없이 온전한
예물이 되기 위하여

주의 날을 보내며

오늘도 주의 전에서
나의 심령
말씀의 빛에 비추었습니다

당신을 향해 걸어가는 길
좌우로 열려 있는 열매
아직 설익은 푸르름이
감돕니다

날마다 넘겨지는 인생의 책장에
내가 주인 되는 이야기보다
주님의 거룩함이 읽혀지기를

한 발씩 내딛는 발걸음에
당신의 귀한 흔적만이
남겨지기를

오늘도 주의 날을 보내며
성화 된 그날
다시금 소망해 봅니다

흔적

성찰(省察)의 거울에
내 삶을 발가벗겨 비추어 본다

아무것도 없는 단조로움
부끄러운 것이다

손과 발 옆구리에
지금도 남아 있을
당신의 거룩한 사랑의 흔적!

얼마나 더
성화(聖化)의 인두를 달구어야
내 삶에도 그 영광의 자국을
남길 수 있을까

성탄
— 당신이 오신 날에

초라한 말구유 속
강보에 싸여 누인
한 아기의 울음소리

기나긴 세월 동안 기다려 온
우리들 영혼에 새겨진
죄의 사함을 알리는
위대한 서곡!

죽음이 있을 수 없는 하나님께서
순결한 당신의 몸에
우리의 죄를 묻히시고 죽기 위해
이 땅에 오시었네!

하늘의 눈부신 보좌 떠나
창조에 함께하신 이
피조물의 육신을 입고 오심은
동질의 테두리 안에서 피어난
가장 아름다운 사랑!

보잘것없는 나를 얻기 위해
당신의 모든 것을 버리시고 오신
이 거룩한 날에

나 또한
당신의 어느 한 점이라도 본받아
내 사랑하는 이들을 위해서
기꺼이 나 자신을 버릴 수 있기를
주님께 감사하며
기도드립니다

알 속의 새

땅끝까지 임재하는 크나큰 당신
나만의 위로자로 한 조각 잘라
이 안에서만 계시길
바란 건 아닌지요

말씀의 다라에
내 무명천 담그어
모든 이들을 향한 그 사랑
곱게 물들여야 했건만

슬플 때 들려오는 그 음성
아플 때 어루만져 주는 그 손길
내게로만 임한다 여기며

아직 부화하지 못한 껍질 속에
당신을 가둬둔 건 아닌지요

나라는 껍질 차츰 깨뜨려
그 밖을 볼 줄 아는 눈으로
당신의 가르침 온전히 행하는
거듭남의 날갯짓 퍼덕이길 바라오며

● 해설

가슴 속에 떠 있는 별 하나
詩人의 꿈, 능력, 삶

윤 제 철 (시인·평론가)

1. 들어가는 글

사람은 생각하는 동물이다. 서로 생각을 말이나 글로 표현한다는 것이다. 말로 자신의 의사를 표현하는 일은 잘하고 못하는 것에 대하여 의식하지 않지만 글로 쓰는 것에 대하여는 잘 쓰고 못 쓰는 것에 관심이 많다. 글을 쓴다면 꾸미지 않고 솔직하게 쓰면 된다는 기본보다 문학적인 표현이어야 한다는 부담에 사로잡혀 하고는 싶어도 해보지도 않고 겁을 먹고 외면하는 경우가 많다.

글을 쓰는 계기는 표현의 욕구를 충족한다는 데 있으나 말로 표현된 것을 수정하거나 보관하고 싶은 것이다. 글은 자신이 하고 싶은 말을 필기도구를 사용하여 글자로 옮겨 적을 수 있는 작업 행위가 있어야 한다. 온몸을 자유롭게 쓰지 못하여 생활의 대부분을 누워서 하면서 왼쪽 검지손가락과 중지손가락으로 스마트폰과 컴퓨터로 시를 썼다고 했다. 쓰는 일은 그가 할 수 있는 유일한 능력이라고 당당하게 털어놓았다. 누구든 부족한 면을 지니고 산다지만 기본적인 역할에 상당한 노력을 기울이는 사람은 많지 않다.

 이를 극복하고 남부럽지 않게 좋은 글을 쓰는 사람이 있다. 월간『문학세계』시 부문 신인상에 당당히 당선하여 문인 활동하고 있는 김성현 시인이다. 문학은 사상이나 감정을 상상의 힘을 빌려 언어로 표현한 예술이다. 그중에 시는 정서나 사상 따위를 운율을 지닌 함축적 언어로 표현한 문학의 한 갈래로서 정수에 해당된다.

 밝은 얼굴로 많은 시 원고를 보여주며 시집을 발간하겠다니 반가운 일이다. 시를 쓰는 사람은 사물에 대한 관찰로 인격도야에 총력을 기울여 맑은 영혼을 지니며 살고 있다. 시를 쓰고 있는 사람 중에 가장 멀쩡한 정신세계를 깨우치며 살고 있다 자부할 수 있다. 확고한 종교관을 가슴에 간직하고 요동 없이 별 하나를 띄우며 살아왔다. 그만이 가지고 있는 독특한 감각을 지닌 안팎의 자극을 느끼거나 알아차림으로 쓴 시를 만나보기로 한다.

2. 시인의 꿈, 능력, 삶

 하얀 손수건으로
 가슴에 담아 놓은
 꿈을 꺼내 닦는다

 내 이름 앞에
 시인이란 두 글자 새기려

마음의 꽃을
아름답게 가꾸어 본다

삶의 여정이 숨 가쁘고
기력이 쇠잔하여졌을 때
가슴 속에 떠 있는 별 하나
다시 일어나 가야 할 곳
비춰 주었다

내 심장 한가운데서
빛나는 염원!
그 소중한 탑을 쌓으며
남은 삶 살아가리라

—「가슴 속에 떠 있는 별 하나」 전문

  손으로 써야 하는 시를 소중한 꿈으로 깨끗이 닦아 간직했다. 시인이란 이름을 달기 위해서는 마음의 꽃을 먼저 피워야만 이룰 수 있는 꿈이었다. 한결같지만 않은 마음은 수시로 변덕스럽게 밝았다가도 흐려지는 날들이 많았다. 어떤 때는 강한 것 같다가도 어떤 때는 한없이 나약한 마음을 일깨워 주는 하나뿐인 내 편인 가슴 속에 별 하나가 떠서 화자를 일으켜 세워 앞길을 안내해주었다.
  기쁜 일은 기쁜 일대로 슬픈 일은 슬픈 일 그대로 마음속에 담아 느낌을 느끼는 대로 솔직하게 표현하는 감각을 예민하게 갈고 닦았다. 매체와 만나 상상력을 동원하여 대화를 나누고 화자가 하고 싶은 말을 매체에게 대신 말해달라고 부탁하는 연습을 하면서 기를 받았다.

  김 시인의 꿈은 세상에 다시 태어나는 일이다. 몸은 부자유하지만 자유롭게 앞서가는 의식으로 가장 밝은 미래를 제시하는 선구자적 역할을 바란다.

    그대의 기쁜 날
    한없이 들려주고픈
    힘찬 마주침의 소리

    토라진 연인처럼
    서로를 외면하는 두 손

    단상에 올라
    감격의 눈물 흘리는 그대에게
    그 앞에서 미소 지으며
    가슴으로 치는 나의 박수

    볼륨을 끈 듯
    들리지 않아 미안하지만

    이 순간 나 역시
    그대와 함께
    한없이 기뻐하고 있음을!

                    —「박수」전문

  환영, 축하, 기쁨, 찬성의 표시 등으로 손뼉을 마주

두드리거나 치는 동작이다. 힘차게 쳐주고 싶은데 한쪽 손바닥이라도 아프거나 불편한 상태에서는 불가능하다. 두 손을 댈 수 없어 외면해도 칠 수가 없다. 부자유한 두 손을 가진 사람만이 가지고 있는 불편이다.

상대방이 기쁨의 눈물을 흘리는 현장에서도 마음껏 큰소리로 보내주어야 할 박수를 겉으로 드러내지 못하고 미안하지만 마음속으로 보내야 하는 박수밖에 보낼 수가 없다. 볼륨을 끈듯 소리가 나지 않는 가슴으로 치는 박수다.

기뻐하고 있는 마음은 똑같은데 보여주거나 박수 소리를 들려줄 수가 없다. 화자는 이따금씩 찾아오는 육체적인 모순으로 인한 피해 아닌 피해를 만나야 했지만 그때그때 참고 견뎌야 했다. 그때마다 슬픔을 견디면서 참아야 했던 흐느낌을 혼자 감췄어야 했다.

온갖 색으로 물들여진 캔버스는
더 이상 꿈의 날개를 펼칠 수 없다

화가의 붓이 그 얼굴에 여백을
하나둘 메워 나가며
나름의 규범과 형체가 갖추어진
그림으로 그려놓았기 때문이다

그림이 된 캔버스는
새장 같은 액자에 담겨져
벽에 걸린 채
백지였던 시절을 회상한다

눈 내린 설경 같았던
순백의 공간 위에서
이상(理想)의 깃발들은
그 어떤 얽매임도 없이
자유롭게 펄럭였다!

이렇게 갖은 색칠을 하고
짜여진 틀 속에서
원 안에서만 맴도는
시곗바늘로 살아가야 할 때

무한의 광장에서
마음껏 달음질하던
순수의 시절로
한 번쯤 돌아가고 싶다

—「순수에 대한 동경」 전문

 캔버스는 튼튼함이 필요한 돛, 천막, 배낭 등을 만들거나 회화 표면에 유화를 그릴 때 쓰이는 평직물이다. 김 시인은 아무것도 색이 칠해지지 않았던 백지 시절을 그리워한다. 순백의 공간 위에서 얽매임도 없이 자유롭게 꿈과 이상을 키우고, 자신의 세계를 마음대로 구상하고 설계하여 만들어낼 희망을 갖고 펼칠 수 있기를 바란다. 대상 그 자체에 전혀 이질적인 잡것의 섞임이 없는 순수가 나름의 규범과 형체가 갖추어지면 꿈의 날개를 펼칠 수 없는 짜여진 틀을 갖는다고 생각했다. 어떤 도움이나 배려도 없이 현실에 놓여있는 상황도 모른 채 조건에 따르라는 일방적인 강요로 받아들여졌기 때문이다. 무엇이든 흔적을 남겨 자유로운 상태에 영향력을 행사하는 어떤 힘에 대한 간섭을 피하고 싶은 것이다.

 김성현 시인이 바라는 꿈이나 욕구 자체가 외부의 영향 없는 본래의 바탕으로 돌아가 겪어 보지 못한 대상에 대하여 우러르는 마음으로 간절히 바라는 것이다.

  이 밤도
  함께 누운 고독

  때로는 나에게
  종기처럼 퍼진 것을 도려내려
  칼을 대 보아도
  여전히 곁을 떠나지 않았지

  그래 어차피
  어머니 태에서 함께 나와
  마지막 눈을 감는 순간에도
  함께 해야 할 동반자가 아니냐

  하늘에 계신 그분이
  동행하고 계심을 알기에
  그 이름은 나의
  곁을 지키는 친구요

  온몸을 휘감는 너로 인하여

더욱 그분만 바라보기에
　　고독은 나의 가장 큰 창문이다

　　　　　　　—「고독」전문

　밖에를 나갔다 와도 반겨주는 이 없이 혼자 지켜야 하는 공간에 나를 맡긴다. 함께 누워 잠을 청하는 이 밤을 뒤척인다. 고독을 떼어내려 무던 애를 써봤지만 떨어지지 않았다. 혼자 있을 때나 함께 여럿이 모여 지내면서도 태어나서부터 이제까지 동반해야 했던 인연의 굴레를 벗지 못했다.

　오로지 하나의 등불을 마음에 켜놓고 꺼지지 않도록 지켜야 했던 사명을 어디에 간들 떨어지지 않고 언제나 붙어 다녀야 한 유일한 친구였다. 고독은 세상으로부터 나를 고립시키는 것이 아니라 의지하게 만들었다. 답답할 때 가려진 세상을 열어 시원하게 보여주었다.

　그를 통해서만 바라다 볼 수 있었다. 어떤 출구보다도 넓은 창문이다. 그곳만이라도 내다 볼 수 있음은 엄청난 행운이었다. 홀로 외롭고 쓸쓸하게 쓰러져가는 나를 버텨주는 바지랑대 같은 역할을 하고 있다.

　　일정불변 곧은 결심
　　뿌리에 머금으며 자라났느냐

　　주어진 터전 그 자리에서
　　한결같은 푸른 자태로

여름의 땡볕 아래서나
북풍한설 눈보라 속에서도
떠난 님 돌아오는 날
흐트러짐 보이지 않으려는 듯
지조의 상징

그때그때 상황 따라 돌변하는
간사함의 부유물이
인간에겐 있기에

본연의 모습 그대로
너의 자리를 지킴을
본받고 싶구나

―「상록수」 전문

  여느 나무가 봄에 싹이 나서 가을에 단풍 들어 낙엽이 지는데 모습이 크게 다르지 않아도 겨울에 푸르게 유지하는 곧은 결심을 보고 굳이 따로 다른 데가 있다면 뿌리에나 있을 거라고 단정한다. 땡볕 아래서나 눈보라 속에서도 흐트러짐이 없는 모습을 누구에게라도 보여주려는 것처럼 보인다.
  원칙과 신념을 지켜 끝까지 굽히지 않는 꿋꿋한 의지나 기개를 나무가 지니고 있는데도 사람들은 주변 상황에 따라 수시로 돌변하니 믿을 수가 없다. 사람으로 태어난 것이 나무로 태어난 것보다 부끄럽다.
  차라리 몸을 수그리더라도 잘못을 바로잡아 본연의

자리를 지키고 싶다. 김 시인은 상록수를 매체로 하고자 하는 말을 대신 들려주고 있다. 나약하기만 한 사람들이 의지하게 하는 대상으로 손색없이 행실을 보며 힘을 얻을 수 있을 만하고 꿋꿋하게 어려움을 견뎌낼 수 있는 버팀목이 되기를 빌고 있다.

3. 나오는 글

　사람은 삶의 목표가 무엇이냐에 따라 그것을 원동력으로 삼아 희망과 꿈을 유지하며 이루고자 하는 의지로 산다. 김성현 시인은 일상에서 얻어지는 많은 지식이나 체험을 그대로 쌓아두지 않고 불필요한 것들은 버리고 만다. 순수를 해친다는 생각을 할 만큼 원래 본바탕을 유지하려 노력하고 있다.
　가시에 찔리거나 눈에 티가 들어가도 아프거나 불편하여 고통을 호소하건만 비교도 안 되는 어려움을 견뎌내면서 수도자처럼 의연한 경지를 예감하게 한다. 매사에 불편을 참아내는 나름대로의 반복되는 방법을 동원하여 숙지하고 있는지도 모른다. 김성현 시인은 시를 쓰기 위한 순수한 바탕을 모든 것보다 우선적으로 다져온 사람이다. 그의 삶은 누구보다도 넓은 시야와 깊은 사고를 지녔다. 그리고 모두에게 당당하게 마주 보며 예민한 감각으로 시상을 떠올리는 동시에 사물의 입에 귀를 기울일 줄 알고 풍부한 어휘력과 상상력으로 형성되는 묘사력이 뛰어나다.
　시상을 찾아 나서는 것보다 생활환경에서 다가오는

시상을 적극적으로 만나주고 그 교감을 메모를 통하여 숙성 시켜 나오는 김 시인만의 상품으로 생산되는 것이다.

  김성현 시인의 시를 읽다 보면 다른 시인들의 흔한 표현보다는 꾸밈이 없는 일상의 용어를 그대로 사용하면서도 시어가 결합되어 퍼지는 사고의 폭과 울림이 넓게 퍼지는 특징을 가지고 있다. 이와 같은 시가 쓰여질 수 있었던 것은 있는 그대로 처절했던 아픔을 진솔하게 부끄러워하지 않고 표출 시켜 표현한 까닭이다.

  서문의 내용 중 일부로 "어렸을 적 오른쪽 엄지발가락과 검지발가락 사이에 연필을 끼워 글을 쓰기 시작하여 한 자 한 자 표현하면서 갖게 된 시인의 꿈, 시를 쓰는 것은 제가 할 수 있는 유일한 능력이요 의미 있는 삶의 작업이었습니다" 라는 목소리가 귀를 울린다. 김 시인의 시를 읽으며 여름날의 더위를 식히는 여유로움에 잠기며 다음 시집에 대한 기대에 가슴이 설레게 된다.

문학세계대표작가선 897

가슴속에 떠 있는 별 하나

김성현 시집

인쇄 1판 1쇄   2019년 9월 2일
발행 1판 1쇄   2019년 9월 9일

지 은 이 : 김성현
펴 낸 이 : 김천우
펴 낸 곳 : 도서출판 천우
등   록 : 1992. 2. 15. 제1-1307호
주   소 : 서울시 성동구 무학봉28길 6 금용빌딩 2F
전   화 : 02)2298-7661
팩   스 : 02)2298-7665
http://moonhak.wla.or.kr
E-mail : chunwo@hanmail.net

ⓒ 김성현, 2019.

값 13,000원

* 도서출판 천우와 저자의 서면 동의 없는 무단 전재 및 복제를 금합니다.
* 저자와의 협의에 따라 인지는 생략합니다.

ISBN 978-89-7954-780-1

이 도서의 국립중앙도서관 출판예정도서목록(CIP)은 서지정보유통지원시스템 홈페이지(http://seoji.nl.go.kr)와 국가자료공동목록시스템(http://www.nl.go.kr/kolisnet)에서 이용하실 수 있습니다. (CIP제어번호: CIP2019033690)